# ALLOCUTION

PRONONCÉE

PAR LE RÉVÉRENDISSIME PÈRE & SEIGNEUR,

## ÉVÊQUE DE DIGNE

*dans l'Église de Saint-Germain-Laval (Seine-et-Oise)*

LE 27 AOUT 1889

POUR LE MARIAGE

DE

*M. Gustave LEGRAIN*

Lieutenant d'Artillerie

AVEC

*Mlle Marguerite DAVIN*

Ln 27
38997

MONSIEUR,

MADEMOISELLE,

*J'allais dire*

MES CHERS ENFANTS,

*Avant de recevoir la bénédiction de l'Église sur l'union que vous venez célébrer au pied de cet autel, vous attendez, — je le sais, — quelques paroles de celui qui a la joie de vous prêter ici son ministère et qui y a été autorisé, invité par cette phrase délicate de Mgr l'Évêque de Meaux*(1) : « *Oui, faites le voyage de Courbeton, pour bénir le mariage de cette jeune personne, dont j'ai entendu dire tout le bien possible.* »

*(1) Mgr Marie-Ange-Emmanuel de Briey.*

*Ces quelques paroles, je vous les dois, à tous les titres. Mais vous permettrez qu'elles soient, en même temps, très simples et très courtes. Je me bornerai à vous rappeler : — quelle est la dignité du mariage qui devient votre vocation aujourd'hui, — quels en sont les devoirs — et quels en sont les secours.*

*Ce sera là toute mon allocution, d'où je veux retrancher les compliments que l'on adresse, d'ordinaire, en pareille circonstance, aux familles des deux époux. Les vôtres, qui en font une seule, n'en ont pas besoin.., et je leur connais des idées assez justes, des sentiments assez élevés pour n'y attacher, comme vous-mêmes, aucune importance.*

*Et qu'est-ce que mes compliments, en effet, pourraient ajouter à la considération si sympathique et si exceptionnelle dont votre famille jouit ici et ailleurs ? Cette magnifique assistance le prouve bien ! Qu'ajouteraient-ils à l'honneur dont l'a couverte pour toujours, en France et dans l'Église, le saint, le savant Mgr Ginoulhiac, archevêque de Lyon, votre oncle illustre, mon Maître et mon Père vénéré ?*

I. — *Quelle est la dignité du mariage : Rien ne peut nous la faire mieux comprendre que le verset 32e du Ve chapitre de l'Épitre célèbre de saint Paul aux fidèles d'Éphèse. Il leur disait :* Je vous l'affirme, ce Sacrement est grand dans le Christ et dans l'Église. *Il va nous suffire d'être attentifs à ce passage, qui renferme quatre mots seulement, pour apercevoir les gloires du mariage chrétien.*

*Ce que saint Paul nous en dit ici, il le fait précéder d'une formule qu'il emploie rarement, c'est la formule :* Je vous l'affirme, *comme pour marquer tout de suite d'un caractère distinct et relever le sujet, la vérité qui est en question.*

— *Il* affirme *donc, en premier lieu, que le mariage est un* Sacrement : Ce Sacrement, *dit-il... Si le mariage n'était qu'une fête pour apporter à deux familles la joie, l'union, de douces espérances, leur ménager un trésor d'agréables, touchants et profonds souvenirs ; s'il n'était qu'un*

*contrat pour déterminer et garantir les intérêts mutuels, pour lier et fixer deux volontés, honorer deux existences humaines, les multiplier et les prolonger ; si le mariage n'était que cela, il serait déjà bien considérable, assurément, et mériterait le soin extrême avec lequel on le prépare, l'apparat avec lequel on aime à le célébrer. Même alors, il n'y aurait rien de trop !*

*Mais il est bien plus qu'une fête et qu'un contrat. L'Apôtre a écrit le mot* Sacrement... *Le Sacrement, qui élève et qui agrandit l'idée du mariage et, au lieu d'une institution simplement domestique ou sociale, en fait une chose supérieure et surnaturelle ; un moyen par lequel Dieu répand sa grâce, c'est-à-dire se répand Lui-même sur deux de ses créatures, dans le présent et pour l'avenir, par lequel vous approchez davantage de Lui, vous vous unissez plus parfaitement à Lui. Oui, le mariage est un rite solennel et sacré qui non seulement signifie, mais produit une réelle et abondante effusion des biens célestes, de la vie divine sur les unions humaines auxquelles l'Église a présidé.*

— *Saint Paul ajoute que ce Sacrement* est grand. *Sans doute, tous les Sacrements le sont; nous devons remarquer néanmoins que l'Apôtre n'a employé cet adjectif qu'à propos du mariage. Ce qui indique qu'il a une grandeur, des grandeurs à part.*

*Lesquelles ?*

*D'abord, il a été établi avant les autres, aux fameuses et heureuses noces de Cana, que Jésus vint bénir,* dès le début *de son ministère public. Jésus-Christ est le Dieu qui fait tout avec* nombre, poids et mesure; *en donnant au mariage cette priorité d'institution, il voulut, évidemment, lui conférer une grandeur spéciale.*

*Ce Sacrement en a une seconde que j'appellerai volontiers la grandeur* par extension, *puisque la presque généralité des enfants de Dieu sur la terre est destinée à le recevoir, qu'un grand nombre d'entre eux sont tenus de l'accepter, quelques-uns même de le rechercher, au lieu de rester dans leur solitude. Oui, je le pense, c'est aussi à ce point de vue que saint Paul dit du mariage : qu'il est* un grand Sacrement.

*Il est grand surtout par l'abondance, la durée, la richesse des biens qu'il apporte et qu'il assure à ceux qui le reçoivent.* L'abondance, *ai-je dit : ce ne sont pas exclusivement des biens spirituels pour les âmes et la vie future, mais aussi des biens temporels pour le bonheur, l'honneur et la prospérité de la vie présente ; la* durée : *ces biens ne sont pas uniquement pour les époux, mais encore pour les enfants que Dieu leur donnera ; ils ne sont pas pour aujourd'hui seulement, mais pour toute leur existence ; la* richesse : *la richesse des grâces du Sacrement de mariage est telle, qu'elle tourne en vertu et en moyen de sanctification ce qui, dans un autre état, pourrait être un obstacle et un péril pour la conscience et la sainteté chrétienne. Ah! c'est une merveilleuse grandeur que celle du mariage !*

*Il est donc en vérité un* grand Sacrement.

*— Il y a une troisième expression dans le texte de saint Paul; il prononce encore cette parole :* Dans le Christ et dans l'Église. *Et voilà ce qui doit achever à nos yeux la dignité du mariage;*

*car cette parole veut dire que l'union des époux représente ici-bas l'union même que Jésus-Christ a formée avec son Église. Or, qu'y a-t-il, que pourrait-il y avoir sur la terre de plus beau, de plus élevé et de meilleur que cette union entre Jésus-Christ, l'Homme parfait (puisqu'il est l'Homme--Dieu), et l'Église, que Saint-Paul définit dans le même chapitre aux Ephésiens* (v, 27) : Une épouse glorieuse, n'ayant ni tache *d'imperfection*, ni ride *de vieillesse, mais* étant absolument pure et sainte ? *Hé bien, l'union conjugale en est l'image : l'époux rappelle Jésus-Christ, l'épouse rappelle l'Église. Ces deux unions sont mises en parallèle ; elles se ressemblent.*

*Voilà, enfin, quelle est la gloire et la dignité du mariage, d'après notre doctrine.*

*O vous, qui êtes mariés, en passant ainsi deux à deux dans la vie humaine, dans la vie sociale, dans la vie chrétienne, méritez-vous (permettez-moi cette question, permettez-la à un prêtre ancien, à un Évêque), avez-vous toujours mérité que l'on dise de vous : Voici une belle et vraie image de Jésus-Christ et de l'Église ?*

*Oui*, sans doute : *je suis si heureux de le penser et de le croire ; je suis si heureux de le savoir et de le voir... !*

*Et vous, chers Enfants, qui entrez aujourd'hui dans cette grande vocation, vous avez à vous rendre dignes du même éloge, vous avez à reproduire cette divine ressemblance, tous les jours de votre vie...*

II. — *C'est-à-dire que vous aurez des devoirs correspondant à la gloire du mariage dont nous venons de parler, selon ce vieux proverbe que nous connaissons bien et que nous ne méditerons jamais assez :* Noblesse oblige. *Le mot* devoirs *n'est pas pour déplaire ici. Dans la carrière où vous êtes entré, Monsieur, et que vous devez parcourir, tout l'annonce, avec grande distinction et grands succès, on comprend, on aime, on sait accomplir le devoir, au péril même de la vie. Quant à vous, mon Enfant, quoique bien jeune encore, vous en avez un sentiment très ferme et très délicat. Tous vous rendent ce témoignage.*

*— Hé bien, le mariage vous impose aujourd'hui à tous les deux des devoirs considérables ; la Religion veut mêler aux joies d'une telle fête le souvenir des obligations qu'elle apporte avec elle.*

*Les époux, au pied de l'autel, — vous avez pu l'entendre déjà, — en contractent à la fois envers eux-mêmes, envers la compagne ou l'ami que Dieu leur donne en ce jour, envers leurs enfants, si Dieu bénit cette union, envers la société et envers l'Église. Vous voyez, par ce seul énoncé, la grandeur et l'étendue de ces devoirs et quelle responsabilité vous prenez en ce moment.*

*— Voici une âme, dont il faudra vous rendre digne par votre amélioration personnelle; pourquoi ne dirais-je pas simplement : par la correction de vos défauts, s'il vous en restait encore quelqu'un, ne fût-ce que la trace d'un seul !*

*Voici une compagne, un compagnon de voyage à travers la vie présente, dont vous aurez à procurer, à assurer le bonheur, la considération et surtout le salut.*

*Voici d'autres âmes qui viendront par vous,*

III. — *Mais enfin, j'ajouterai aussitôt : soyez rassurés, ayez confiance, malgré tout, car le mariage vous prépare aussi et vous présente de grands secours et des grâces insignes.*

— *Il vous apporte d'abord ce bien inestimable dont le poète disait :*

« Qu'un ami véritable est une douce chose ! »

*et dont les Saints Livres font de si beaux éloges : l'affection qui ne saurait être comparée à aucune richesse de la terre. Et, en même temps que le mariage chrétien vous donne ce trésor, il vous en garantit la possession, veuillez bien le remarquer : la possession* entière *par son* unité, *son inviolable unité ; la possession* continue *et la* perpétuelle durée *par son* indissolubilité. *Saint et précieux amour, qui sera désormais et jusqu'à la fin, votre soutien dans le travail, votre protection dans les périls, votre refuge et votre consolation*

*dans les épreuves, et, selon le langage de la divine Écriture*, un baume salutaire qui guérira, *du moins qui adoucira* toutes les plaies, qui sera un remède de vie et d'immortalité (Eccl., v. 14-16).

— *A cette douceur, il s'en joindra une seconde ; à cet amour, un autre amour. L'Église, dans son grand, simple et chaste langage, demandera tout à l'heure à Dieu de ne pas vous refuser les bénédictions qu'il répandit autrefois sur les alliances d'Abraham, d'Isaac et de Jacob, en peuplant leurs tentes, en rangeant autour de leur table de nombreux enfants que l'Écriture compare à ces rejetons qui croissent autour de l'olivier, dans les pays du soleil. Oui, l'Église adressera au Seigneur des prières pour qu'il vous envoie ces charmantes créatures qui vous apporteront des joies si douces avec leurs premiers sourires, leurs gracieux mouvements, leurs petites âmes qui s'ouvrent comme des fleurs du Paradis ; puis qui grandissent dans la beauté, dans la pureté, dans tous les développements heureux de l'esprit, du cœur, du caractère; ensuite qui vivent dans le*

*travail, dans l'honneur, quelquefois dans la gloire et dans la sainteté !...*

*Voilà le second trésor du mariage.*

*— Et souvent Dieu y ajoute, — nous le voyons dans cette belle famille chrétienne qui est là ! — Il y ajoute la prospérité temporelle, tenant bon compte aux époux de leur foi en sa Providence et se chargeant lui-même, avec une généreuse paternité, de pourvoir aux besoins du présent et de l'avenir.*

*— Je n'ai parlé que des avantages naturels de cette société bénie du mariage. Il en est d'autres encore : ce sont les secours supérieurs*, surnaturels, *que Jésus-Christ a attachés, par sa volonté miséricordieuse et les prières de son Église, à ce grand Sacrement. Car un dogme de notre foi, dogme aussi conforme aux lumières de notre raison qu'aux besoins de notre cœur (il en est du reste ainsi de tous nos dogmes, quand on les comprend bien) : c'est que chaque vocation a des grâces qui lui correspondent. Nous les appelons :* grâces d'état. *Le mariage a les siennes, qui sont*

*proportionnées et en rapport, évidemment, avec sa dignité et avec ses devoirs ; car la Providence, si juste et si sage, pourrait-elle ne pas avoir mis les moyens en harmonie avec la fin ?*

*Je termine et j'élève de nouveau ma pensée vers l'âme de ce grand pontife que vous et moi n'avons pu oublier un seul instant, pendant cette cérémonie. C'est lui qui consacra, ma chère Enfant, à pareil jour, le 27 août, le mariage de votre père et de votre mère. Ses bénédictions portèrent leur fruit, et personne, Monsieur, ne saurait en être plus reconnaissant que vous, puisque ce beau mariage vous donne aujourd'hui une telle compagne. Hé bien, c'est aussi lui qui est là en ce moment, assisté de deux autres Évêques ; l'Évêque de Meaux, qui ajoutait dans sa lettre, dont je parlais en commençant : « Avec vous, je bénis les deux fiancés et j'unirai mes prières aux vôtres, le 27 de ce mois » ; puis l'humble Évêque de Digne, qui arrive du bout de la France, qui serait venu du bout du monde, pour être ici à côté du ministre invisible et bienheureux de votre mariage. Et c'est lui, cet oncle illustre, qui, tout à*

*l'heure, élevant les mains vers le Ciel, puis les étendant sur vos têtes, sur vos âmes, dira avec cette gravité, avec cette piété, avec cette tendresse pour les siens que nous lui connaissions, la prière par laquelle la Liturgie de l'Église conclut son rite sacré* :

« Que le Dieu puissant et bon daigne vous accorder et vous composer une vie calme et douce, utile et respectée, pleine de longs jours, surtout de bonnes œuvres et de mérites, de telle sorte que, après avoir vécu ensemble dans la joie du foyer, dans la paix, dans l'honneur et dans la vertu, vous puissiez arriver, pareillement ensemble, au repos des Élus et au royaume de l'éternelle gloire ! »

Ainsi soit-il.

Digne, Impr. Chaspoul, Constans et v^e Barbaroux.

www.ingramcontent.com/pod-product-compliance
Ingram Content Group UK Ltd.
Pitfield, Milton Keynes, MK11 3LW, UK
UKHW020225180726
13838UKWH00005B/2200

9 782329 395685